# MA<br>PETITE-FILLE

ÉTUDE

### PAR M. DESBOVES,

Agrégé et Docteur ès-Sciences<br>
Ancien Professeur au Lycée Fontanes.

M D CCC LXXXIII.

AMIENS,<br>
IMPRIMERIE DE T. JEUNET,<br>
Rue des Capucins, 45.

# MA PETITE-FILLE.

# MA
# PETITE-FILLE

ÉTUDE

## Par M. DESBOVES,

Agrégé et Docteur ès-Sciences
Ancien Professeur au Lycée Fontanes.

M D CCC LXXXIII.


AMIENS,
IMPRIMERIE DE T. JEUNET,
Rue des Capucins, 47.

# MA PETITE-FILLE

—

## ÉTUDE (1)

———

### I

Mérimée, l'écrivain sceptique, le céliba-
taire endurci, que les joies intimes de la
famille n'avaient jamais pu séduire, disait
cependant qu'il eût été bien heureux d'avoir
une petite fille à élever. Est-il, en effet, de
bonheur plus grand que celui de voir naître
à la pensée et au sentiment un petit être d'a-
bord si dépourvu de tout ; et, s'il s'agit d'une
petite fille, combien on aime à voir poindre

———

(1) Cette étude a été lue dans la séance publique
de l'Académie d'Amiens, le 24 décembre 1882.

en elle, presque dès le berceau, les premières lueurs de la nature féminine.

Déjà, à l'âge de deux ans, qnelle gen-
tillesse dans les mouvements, et déjà aussi
quel instinct de coquetterie ! Comme la petite fille saute de joie si elle a sa robe de
velours bleu, et comme elle pleure en dé-
sespérée si on ne lui met pas ses souliers
blancs ! Mais pour bien sentir les grâces
naissantes de l'enfant, pour l'aimer à l'ado-
ration, je dirai presque à la folie, il faut
avoir le cœur du grand-père ou de la
grand-mère. Pour eux, l'âge des illusions
est passé ; plus de préoccupations d'avenir
ou de fortune à édifier ; ils peuvent se donner tout entiers à leur amour de prédilec-
tion. Leur rôle est tout de bonté attendrie,
d'inquiète sollicitude, et par leur affectueuse
indulgence ils tempèrent la sévérité pater-
nelle, nécessaire quelquefois sans doute, mais
souvent trop rude pour l'organisme des en-

fants, si délicat au premier âge. Voici, du reste, le vrai rôle des grands-parents tracé de main de maître par Victor Hugo dans son charmant livre : l'*Art d'être Grand-Père* :

Jeanne était au pain sec dans le cabinet noir,
Pour un crime quelconque, et, manquant au devoir
J'allai voir la proscrite en pleine forfaiture,
Et lui glissai dans l'ombre un pot de confiture,
Contraire aux lois. Tous ceux sur qui, dans ma cité,
Repose le salut de la société,
S'indignèrent, et Jeanne a dit d'une voix douce :
Je ne toucberai plus mon nez avec mon pouce ;
Je ne me ferai plus griffer par le minet.
Mais on s'est écrié : — Cette enfant vous connaît ;
Elle sait à quel point vous êtes faible et lâche ;
Elle vous voit toujours rire quand on se fâche.
Pas de gouvernement possible : à chaque instant
L'ordre est troublé par vous ; le pouvoir se détend.
Plus de règle. L'enfant n'a plus rien qui l'arrête.
Vous démolissez tout. — Et j'ai baissé la tête.
Et j'ai dit : Je n'ai rien à répondre à cela.
J'ai tort. Oui, c'est avec ces indulgences-là
Qu'on a toujours conduit les peuples à leur perte.
Qu'on me mette au pain sec. — Vous le méritez, certe,
On vous y mettra. Jeanne, alors, dans son coin noir,
M'a dit tout bas, levant ses yeux si beaux à voir,
Pleins de l'autorité des douces créatures :
Eh bien, moi, je t'irai porter des confitures.

Le grand-père est placé dans les meilleures conditions, non seulement pour aimer, mais aussi pour observer, car il a ordinairement pleine liberté d'esprit et de nombreux loisirs. Il faut aussi, sans doute, qu'il ait le goût et le talent de l'observation. Je n'ose me flatter de posséder ces qualités dans une mesure suffisante, mais j'espère que votre indulgence me tiendra compte de ma bonne volonté. Je diviserai mon travail en trois parties : 1° progrès physiques de l'enfant ; 2° acquisition du langage ; 3° formation des idées et premières lueurs des sentiments affectifs. L'objet de mes observations est ma petite-fille, âgée aujourd'hui de deux ans et demi.

## II

Je ne parlerai pas des mouvements inconscients de l'enfant pendant les premiers mois et de leur transformation graduelle en

mouvements volontaires. Tout a été dit sur
ce point par M. Taine dans son livre : *De
l'Intelligence*; je ne pourrais que le répéter.
Je prends l'enfant à l'âge de huit ou dix
mois ; une cuiller est mise entre ses mains;
elle la tourne et retourne entre ses doigts
et fait, suivant l'expression de M. Taine, de
véritables expériences de physique. Quelques mois plus tard, elle a l'idée de porter
la cuiller à sa bouche lorsqu'on la remplit
de soupe, mais elle n'y parvient pas du
premier coup. La cuiller arrive près de l'un
des yeux ; alors l'enfant, en la faisant descendre le long de son nez, finit par rencon-
trer la bouche. Bien entendu que la partie
concave est tournée vers le sol et que toute
la soupe est répandue ; ce n'est qu'après
des essais souvent répétés que l'enfant parvient à tenir la concavité en haut.

Tout le monde a remarqué qu'un enfant,
après avoir manié ses jouets pendant quel-

que temps sur la table de famille, finit par
les jeter tous par terre d'un seul coup ; c'est
ce que j'ai observé aussi sur ma petite-fille.
Elle s'exerce ainsi au mouvement circulaire
du bras, et elle a grand plaisir à voir tomber les objets et surtout à entendre le son
qu'ils rendent en frappant le sol.

Mais de tous les exercices de l'enfant, le
plus important et le plus curieux est celui
de la marche. Par quelle gradation cet être
si frêle en naissant passera-t-il de la posi-
tion horizontale, la seule possible d'abord,
à la station verticale, ce précieux privilège
de la nature humaine ? Comment résoudra-
t-il le problème si difficile de la marche ?
Je vois d'abord ma petite-fille étendue,
puis assise sur un tapis où elle exerce et
fortifie ses muscles. Vers l'âge de sept ou
huit mois, elle a acquis assez de force pour
se soulever de terre avec un peu d'aide et
se maintenir droite en s'appuyant contre

un fauteuil. Plus tard, à l'âge de dix mois
environ, si plusieurs chaises sont placées
les unes à la suite des autres, elle s'y cram-
ponne successivement avec ses mains en
faisant mouvoir en même temps ses petites
jambes ; et, lorsque par cet exercice pro-
longé ses muscles se sont suffisamment af-
fermis, nous essayons, en la soutenant, de
la faire avancer de quelques pas. Les progrès sont bien lents ; l'enfant n'ose mar-
cher seule et sans soutien ; mais enfin, en-
couragée par un doux sourire de sa mère
qui lui tend les bras, elle s'y précipite avec
confiance. Dès lors, le plus fort est fait ;
tous les jours elle essaie quelques pas de
plus, sous l'œil vigilant de sa grand-mère
qui la suit, toute prête à la retenir au
moindre faux mouvement. Cependant on
doit finir par se résigner à abandonner
l'enfant à elle-même. Alors que de chutes
et de coups souvent douloureux ! Mais la

souffrance est une rançon que nous devons payer tôt ou tard, et on ne peut espérer que l'enfant y échappera toujours.

Après la marche, la course. Comme les chocs fréquents, rendus plus dangereux par la vitesse acquise, nous font alors rembler à chaque instant ! N'importe, le plus grand bonheur de l'enfant est de courir, et, après les premières craintes dissipées, sa joie fait la nôtre.

La descente et la montée est aussi un exercice qui lui plaît beaucoup. Je la vois, par exemple, descendre du haut d'un monticule de sable ; son corps se penche aussitôt en arrière de manière que la verticale de son centre de gravité tombe dans l'intérieur du quadrilatère d'appui. L'enfant fait ainsi de la mécanique sans le savoir et rarement elle se laisse tomber.

Dans un article très intéressant de la *Revue scientifique* (2), un physiologiste aussi

(2) Tome XIX, page 608.

savant que peu galant, le docteur Delaunay affirme que, chez les femmes, les petits enfants des deux sexes, les idiots, les
cancres de nos lycées, les sauvages, les
muscles adducteurs ont beaucoup plus de
puissance que les muscles supinateurs, en
sorte que l'avant-bras, dans ses mouvements, tend le plus souvent à se rappro-
cher du corps. C'est ce que M. Delaunay
appelle le mouvement *centripète*. Aussi les
femmes, les petits enfants, etc, décrivent-ils
un cercle en sens inverse des aiguilles d'une
montre, et appliquent-ils un soufflet avec la
paume de la main. L'ingénieux docteur
daigne cependant faire une gracieuse ex-
ception en faveur des cordons bleus de
premier ordre qui, d'après ses observations, tournent un roux ou une sauce blanche dans le sens des aiguilles d'une montre.
L'homme, en général, grâce à la grande
puissance de ses muscles supinateurs, est

aussi bien doué que les cordons bleus. Chez lui prédominent les mouvements *centrifuges* qui éloignent les bras du corps, et cela d'autant plus qu'il atteint un plus haut degré de civilisation.

J'étais très curieux de vérifier sur ma petite-fille les affirmations du docteur. Alors, je lui ai mis entre les mains un morceau de craie en lui disant : *Fais-moi un rond.* Quelle a été ma surprise de lui voir tracer immédiatement cinq ou six cercles dans le sens des aiguilles d'une montre ! Encouragé par cette première expérience, je lui ai dit : *Donne-moi une claque ;* c'est ce qu'elle fit immédiatement, sans se faire prier et à plusieurs reprises, avec le dos de la main.

Je n'ose tirer des expériences précédentes un horoscope trop favorable sur l'avenir de ma petite-fille ; mais que je serais curieux de savoir dans quel sens M<sup>me</sup> de

Staël et Georges Sand traçaient un cercle ou appliquaient un soufflet ! J'ai trouvé une fois en défaut l'éminent physiologiste ; mais n'allez pas croire pour cela que je veuille le moins du monde contester l'exactitude de ses observations : bien loin de là, je dirai que je les ai vérifiées plus d'une fois, et j'en vais même faire une application immédiate que je crois très pratique. Dans les nouveaux lycées de jeunes filles, on a surtout pour but, si je ne me trompe, de faire approcher autant que possible, la femme de la perfection de l'homme comme d'une asymptote idéale. Ne serait-il pas bon alors que le professeur de dessin exerçât d'abord les élèves à tracer des cercles dans le sens des aiguilles d'une montre ; et le maître de gymnastique ne devrait-il pas combiner ses exercices de manière à amener la prédominance des muscles supinateurs sur les muscles adducteurs ? Je livre cette vue à qui de

droit sans réclamer aucunement pour cela
une récompense nationale.


## III


Le problème de l'origine du langage est
un de ceux qui ont excité au plus haut
point la curiosité des savants. Malheureusement, on n'a conservé aucun document
sur les temps primitifs de l'humanité,
et ce n'est que par des inductions plus
ou moins légitimes que la science a
essayé de percer l'obscurité des premiers âges. Mais, comme le dit Pascal,
la suite des hommes pendant le cours de
tant de siècles peut être considérée comme
un même homme qui subsiste toujours et
qui apprend continuellement. Alors, en
étudiant la langue que se crée l'enfant
avant de connaître la nôtre, on peut espé-

rer se faire quelque idée des premiers pas
de l'humanité dans la science du langage.
D'heureuses conjectures peuvent aussi se
fonder sur l'étude des langues que parlent
les races non perfectibles ; car on a, pour
ainsi dire, sous la main, des peuples qui
s'immobilisent dans une éternelle enfance.
Voici les principales conclusions auxquelles
la science est arrivée aujourd'hui.

L'homme a d'abord traduit ses premières
émotions ou impressions par des sons, en
général, monosyllabiques ; c'est le langage
*émotionnel*. Il a ensuite désigné les objets et
exprimé ses premières idées par des sons
différents des premiers. A ses débuts dans
la vie intellectuelle, l'homme avait une
puissance créatrice et spontanée, disparue
aujourd'hui qu'elle n'est plus nécessaire,
qui lui révélait une liaison naturelle entre
certains sons et les objets ou les idées.
L'onomatopée était une de ses principales

2

ressources, mais ce n'était pas la seule ; il trouvait, entre les sons qu'il émettait et les objets ou les idées, des rapports d'une nature très fine dont le sens nous échappe entièrement aujourd'hui. Il créait ainsi le langage *rationnel* qui le distingue essentiellement des animaux.

Jusqu'ici tout le monde est d'accord ; mais au-delà les linguistes se séparent. Les deux principales opinions ont pour leurs plus illustres représentants MM. Max Muller et Renan.

Suivant M. Max Muller (3), le savant orientaliste, chaque langue a passé par trois périodes successives. La première qu'on peut appeler l'époque des mo-nosyllabes ou *racines* est celle ou chaque monosyllabe est isolé et forme un mot qui joue le rôle de substantif, d'adjectif,

(3) La Science du langage.

de verbe, etc., suivant la place qu'il oc-
cupe dans la phrase. La langue chinoise
est un exemple de cette langue primor-
diale.

La seconde période est celle des langues
touraniennes. Dans ces langues, deux ou
plusieurs racines se réunissent pour former un mot. La première racine garde
son indépendance primitive, tandis que
la seconde se réduit à n'être plus qu'une
désinence.

La troisième période est celle des
flexions. Toutes les racines se fondent de
telle sorte qu'aucune ne conserve son indépendance. Les langues sont alors appe-
lées *organiques* ou *amalgamiques*. Elles sont
représentées principalement par les familles
*aryenne* et *sémitique*.

Les conclusions de M. Max Muller ont
été vivement combattues par M. Renan
dans son livre : *de l'Origine du langage.*

D'abord M. Renan ne croit pas à la né-
cessité d'établir une famille touranienne
intermédiaire entre la famille des langues
monosyllabiques et celle des langues
amalgamiques, et il nie qne les langues
aryenne et sémitique aient été, à l'origine,
monosyllabiques.

Selon lui, aucun document historique ne
prouve une pareille filiation. La langue
chinoise, qui correspond depuis très lon-
temps à un état de civilisation avancée, est
toujours restée purement monosyllabique,
sans jamais manifester aucune tendance à
devenir amalgamique. L'erreur de M. Max
Muller, (toujours d'après M. Renan), est de
croire que l'esprit humain commence par
le simple pour arriver au composé, tandis
que le contraire est vrai, aux premiers
temps de l'humanité, aussi bien pour l'acquisition du langage que pour celle des
idées. Ce qui le prouve, c'est l'observation

des langues parlées par les peuples dont la civilisation est demeurée stationnaire et qui sont ainsi restés de véritables enfants. Rien n'est plus complexe que leur langage. Leur vocabulaire est d'une incomparable richesse, et quelquefois toute une phrase forme un seul mot qui se conjugue comme un verbe.

En rappelant les principales opinions des savants sur l'origine du langage, j'ai voulu donner plus d'intérêt à l'étude que, sans aucun esprit de système, j'ai faite de la langue créée par ma petite-fille dans les premiers mois de son existence.

Un des premiers mots inventés par l'enfant est celui de *bumin*, pour indiquer la négation. Le mot bumin a, d'ailleurs, une signification beaucoup plus large que *non*. Il veut dire aussi : vous m'agacez, vous m'ennuyez, laissez-moi tranquille. Voici, je crois, quelle en est l'origine. Quand l'enfant était contrariée, elle disait bum, bum, bum, et comme le mot hein terminait souvent les quelques phrases qu'on lui adressait, elle a associé les deux mots bum et hein pour en former le mot bumin. Ce qui rend cette hypothèse très probable, c'est qu'une de ses petites amies l'appelant en lui disant : Viens ici, Odile, hein, pendant quelque temps elle répondit aux personnes qui lui demandaient son nom : Odilin. Que je regrette de ne pas être un savant linguiste ! S'il en eût été ainsi, j'aurais eu sans doute le plaisir de retrouver chez quelque peuplade sauvage de l'Océanie ce magnifique bumin qui, comme le Turc de Molière, dit tant de choses en un mot. Il va sans dire que, dès le moment où l'enfant a pu prononcer le mot non, bumin a été complètement oublié.

Je vais ici, bien malgré moi, être quelque

peu réaliste : malheureusement mon sujet
m'y oblige. Mais pourquoi donc m'excu-
ser ? Tout n'est·il pas charmant dans un
enfant, même ce qu'on pourrait appeler les
imperfections de la nature humaine ? J'en
appelle aux mères et surtout aux grand-
mères, s'il s'en trouve ici pour m'écouter !
Un second mot inventé par ma petite-fille
est celui de *rac* que, par un vague sentiment d'harmonie imitative, elle a employé
pour désigner... : vous comprenez ce que
je veux dire. N'est-il pas remarquable que
l'enfant ait rencontré d'elle-même, sans aucune suggestion de notre part, la racine du
mot qui, en picard, signifie cracher, comme
on le voit dans la phrase légendaire en Pi-
cardie : *Beie à ti, racque à terre*. Oh ! si j'é-
tais un admirateur passionné de la langue picarde, comme nos spirituels collègues Daus-
sy, Baril, Jouancoux, ou comme feu l'abbé
Voclin, de vénérable mémoire, qui se van-

tait de savoir trois langues : le latin, le français et le picard, je dirais que la langue picarde était celle que parlaient nos premiers pères dans le paradis terrestre. Mais j'avoue que mon enthousiasme ne va pas jusque-là. D'ailleurs, je lis dans M. Renan (4), comme exemple d'onomatopée, que, pour exprimer la rupture, le grec emploie la racine ραγ ; le sanscrit : rug ; le celto-breton : rogan et le latin : frac. On voit donc que rac est également grec et picard, et presque latin.

Un peu plus tard l'esprit d'analyse s'est éveillé chez ma petite-fille. Elle a compris que pour deux fonctions distinctes, bien que voisines, il fallait deux mots différents. Me voici hésitant comme César au moment de passer le Rubicon...; mais décidément je me risque. Les deux mots sont *tata* et

(4) De l'origine du langage, page 137.

*ratata*; le second étant formé du premier
et de la racine rac à peine altérée. Comme
on le voit, d'elle-même et bien vite,
l'enfant est arrivée à la langue amalgamique.

J'appellerai encore l'attention sur un mot
que ma petite-fille employait pour désigner
sa bonne et ultérieurement toutes les bon-
nes qu'elle voyait. Pour agacer l'enfant, la
bonne lui faisait des grimaces en disant :
gnin, gnin, gnin ! Alors ma petite-fille n'a
trouvé rien de mieux que de l'appeler
*Gningnin*. Je ne puis m'empêcher de re-
marquer ici la répugnance que l'enfant
semble éprouver pour le langage monosyllabique qui, sans doute, lui paraît trop sec;
elle forme des mots composés par la répé-
tition de la même syllabe ou la réunion de
deux syllabes différentes. On est vraiment
porté à croire qu'il en a été de même à l'o-
rigine de l'humanité, et que, si d'abord le

langage a été purement monosyllabique, il ne l'a été qu'un instant.

La langue chinoise, il est vrai, fait ex-ception ; mais les habitants de la Chine forment un peuple si extraordinaire par ses mœurs, sa constitution et la tournure de son esprit, qu'il doit être mis tout à fait à part. On serait vraiment tenté de croire qu'à une époque immensément reculée, bien antérieure à celle de l'homme préhis-torique, alors que la lune était encore ha-bitée, par je ne sais quelle migration mys-térieuse que notre célèbre collègue, Jules Verne, expliquerait sans doute, s'il voulait s'en donner la peine, une colonie de *luna-tiques* est descendue de la lune sur la terre et a peuplé la Chine. Le nom de *Céleste Empire* ne serait-il pas un souvenir de l'an-cienne origine ?

On a souvent remarqué que certains rap-ports s'établissent entre le langage et la nature environnante, sans doute parce que les organes vocaux se modifient avec elle. Ainsi, dans les rudes climats du Nord, l'homme se plaît aux sons durs, au choc des consonnes à peine amorti quelquefois par des voyelles intermédiaires, tandis que, dans les climats du Midi, leurs heureux habitants affectionnent les sons harmonieux et les mots principalement composés de voyelles. On voit quelque chose d'analogue chez l'enfant. Comme l'homme, c'est d'après les aptitudes de sa voix qu'il fait le choix de ses mots quand il ne les crée pas lui-même. En voici un exemple : ma petite-fille, ne pouvant prononcer le mot oui, l'a remplacé par *sisi* qui, pour nous, n'est pas tout-à-fait équivalent. Evidemment l'enfant n'a pas créé un mot, mais fait un choix ; car nous employons nous-même sisi pour répondre par une affirmation à une proposition négative, comme dans cette phrase :

Vous n'irez pas promener aujourd'hui? Sisi. C'est vraiment à contre-cœur que plus tard nous avons fait abandonner à l'enfant son gracieux sisi.

Les peuples sauvages donnent souvent aux objets des dénominations singulières dont on n'aperçoit pas l'origine ; il en est de même des enfants. Il y a quelques mois, ma petite-fille demandait avec insistance un objet en prononçant le mot *perruque.* On ne comprenait pas d'abord. Cependant on finit par savoir qu'elle désirait tenir en main un bâton de craie avec lequel elle se plaît à orner les portes et les murailles de dessins plus ou moins fantaisistes. L'origine de la dénomination, qui paraît si bizarre, est probablement celle-ci : sur des images de la fabrique d'Epinal, dessinées avec la raideur que l'on sait, on lui a montré la queue d'un personnage saupoudrée de blanc, en la désignant sous le nom de

perruque. L'enfant, ayant entendu désigner par le mot perruque quelque chose
qui lui rappelait par la forme et la couleur
un bâton de craie, s'est emparée du mot
pour nommer cet objet, et elle l'emploie
encore aujourd'hui.

Pendant les vingt-deux premiers mois,
ma petite-fille n'a eu qu'un vocabulaire
très restreint, composé d'une douzaine de
mots dont quelques-uns de son invention,
comme je l'ai déjà dit. On la voyait bien
quelquefois, silencieuse et réfléchie, s'exer-
cer à prononcer tout bas quelques mots ;
mais elle réussissait peu. Tout à coup,
après une peur suivie d'une jaunisse, elle
se mit à prononcer tous les mots qu'on lui
indiquait.

Y a-t-il ici simple coïncidence ou effet
physiologique à la suite d'une surexcitation
cérébrale ? Je l'ignore ; mais il est certain
qu'en huit jours elle se mit à prononcer

tous les mots de la langue française qu'on
lui énonçait, sans s'être jamais servie des
mots enfantins : *toutou*, *dada*, *mimine*, et
autres semblables. Les diphtongues ou et oi
sont les seuls sons qui soient restés rebelles
à sa voix. Depuis quelque temps je suis par-
venu à lui faire articuler très distinctement
le plus long mot de la langue française :
*anticonstitutionnellement*. Dans la période
qui s'écoule, depuis l'âge de vingt-deux
mois jusqu'à deux ans et demi, l'enfant
apprend une foule de mots et de phrases,
souvent sans en comprendre le sens; mais
peu à peu son intelligence s'éveille, elle
fait des phrases complètes, et elle peut
déjà entretenir une conversation sur quelques sujets très simples.


## IV


Je vais, dans cette dernière partie, **dire**

quelques mots de l'acquisition des idées et
de l'éclosion des premiers sentiments affectifs.

L'enfant acquiert des idées en même
temps que le langage. Une des premières
idées générales, qui naît en elle instinctive-
ment, est celle de l'espèce. Elle sait recon-
naître et nommer un cheval, un chien, une
vache, un arbre, etc. Parmi les idées qui
lui ont été suggérées, je signalerai celles
de couleur et de nombre.

La vue des images coloriées qu'elle
prend grand plaisir à regarder, lui a bientôt, avec notre secours, appris à distinguer
les couleurs bleue, rouge, jaune, verte et
blanche. L'idée était d'abord un peu trou-
ble. Elle disait volontiers : Ma robe bleue,
de quelle couleur est-elle ? Mais la notion
s'est bientôt affermie et elle est aujourd'hui
complètement acquise.

On comprend bien qu'en ma qualité de

mathématicien, je devais me hâter de donner à l'enfant l'idée du nombre ; mais d'a_
bord le succès ne répondit pas à mes ef-
forts. Encore sous l'impression de ses le-
çons sur les couleurs, quand je lui ai montré deux doigts en lui disant : Combien y
en a-t-il ? Elle m'a répondu : *bleu*, et à la
vue de trois doigts : *jaune*. J'étais profon-
dément humilié. Comment, disais-je, à deux
ans et demi, ma petite-fille serait moins in-
telligente qu'un simple animal, le chat do-
mestique qui sait compter jusqu'à quatre !
Oui, le chat sait compter jusqu'à quatre.
En effet, dit un écrivain de la *Revue posi-
tive*, lorsqu'une chatte a une nombreuse
portée, vous pouvez en son absence lui en-
lever une partie de ses petits sans qu'elle
s'en aperçoive, lorsque le nombre restant
est égal ou supérieur à quatre ; mais si le
nombre des petits chats qui restent est
moindre que quatre, la chatte, à son retour,

fait entendre un miaulement plaintif.
Comme vous voyez : *c'est ce qu'il fallait dé-
montrer*. Aujourd'hui l'idée de nombre paraît acquise. Quand je lève successivement
les doigts de la main d'abord fermée, l'enfant dit : un, deux, trois, quatre, cinq. Par
respect pour la nature humaine, j'ai voulu
qu'elle sût d'abord compter au moins jusqu'à cinq.

Parlerai-je maintenant de ces idées ou
sentiments qui semblent naître, à l'impro-
viste, chez les enfants dès le premier âge.
Les parents sont quelquefois tout surpris
d'entendre jaillir des lèvres enfantines,
comme une fusée inattendue, des mots qui
semblent accuser esprit et sensibilité. Echos
affaiblis d'une vie antérieure, ou bien encore efflorescence spontanée du cerveau et
du cœur ! disent les mystiques et les poètes.
Mais il ne faut pas se faire illusion : ces
mots des enfants quelquefois si profonds ou

si pleins d'éclat en apparence, ne sont le plus souvent chez eux qu'une rencontre fortuite et inconsciente ou une réminiscence plus ou moins heureuse. J'en citerai un exemple : cueille-moi une fleur *couleur de soleil*, me disait un jour ma petite-fille. Ce langage imagé : est-ce une première étincelle du sentiment poétique à l'état naissant ? Hélas non : ce n'est qu'un souvenir de la robe couleur de soleil dans le conte de *Peau d'Ane*. Cependant, voici un mot qui est bien à l'enfant. (Je m'aperçois que, tout en voulant m'en défendre, je vais donner dans le travers ordinaire des parents.) Dernièrement, en passant rue Porte-Paris, ma petite-fille demande un sou à sa mère pour le donner à l'aveugle. Tiens, dit-elle au malheureux, voici un sou *pour aller aux chevaux de bois :* pour l'enfant la course vertigineuse sur les chevaux de bois est le plaisir suprême. N'êtes-vous pas de mon avis ? Ce mot n'est-il pas aussi beau, dans son genre, que celui du *Don Juan* de Molière qui, offrant un louis d'or à un pauvre, lui dit : va, va, je te le donne *pour l'amour de l'humanité*. Le mot que je viens de citer, parti du cœur de ma petite-fille, m'amène tout naturellement à vous entretenir des sentiments affectifs dans la première enfance : ce sera ma dernière étape.

Lorsque ma petite-fille était portée dans les bras de sa nourrice, dès qu'elle apercevait un enfant de son âge, même au milieu de souffrances aiguës, son visage s'épanouissait subitement, et elle tendait ses petits bras à l'enfant, quelquefois en riant aux éclats. Elle aimait aussi beaucoup les animaux ; mais la peur succéda bientôt à l'affection. Sa chambre à coucher, dans le pays tout primitif de Cayeux, était contiguë à l'étable à vaches du voisin. Un jour qu'elle dormait, une vache fit entendre son

beuglement. Réveillée subitement, l'enfant
crut que la vache était couchée dans son berceau. Depuis, elle ne voulut plus dormir à la
même place, et la peur qu'elle eut amena la
jaunisse dont j'ai déjà parlé. Aujourd'hui,
après plus de six mois, l'impression subsiste
encore. Voici, pour preuve, un fragment de
conversation que j'eus dernièrement avec
l'enfant, lorsqu'elle était assise sur ma table
de travail. Tout d'un coup elle me dit : la
vache. — Mais où est-elle, la vache ? — Dans
ta maison. — Où, dans ma maison ? —
Dans la cabane. — Elle n'est donc pas ici?
— Sisi ; elle me fait de grands yeux.

Ma petite-fille aimait beaucoup à jouer
avec les chiens, petits ou grands. Il y a
quelque temps, elle caressait un grand
chien qu'elle affectionnait. Tout d'un coup,
elle se mit à pousser des cris perçants.
Qu'as-tu, lui fut-il demandé? Il m'a fait
de grands yeux, dit-elle. Toute tentative de

rapprochement entre les deux amis fut dès
lors inutile. Maintenant sa peur s'est géné-
ralisée : elle ne peut plus voir passer un
chien près d'elle sans frémir et reculer.
Cette peur du chien me paraît le commen-
cement de la sagesse. Un humoriste célèbre,
Chamfort a dit : celui qui n'est pas misan-
thrope à quarante ans, n'a jamais aimé les
hommes. Ne pourrait-on pas dire avec plus
de justesse encore ; celui qui, bien avant
quarante ans, n'est pas *misocyne*, n'a jamais
aimé les chiens ? Le grand poète allemand,
Gœthe éprouvait un certain malaise à la vue
du chien ; son regard presque humain l'in-
quiétait (5). Qui sait si cette répulsion de
Gœthe pour la race canine n'avait pas son
origine dans une aventure de jeunesse ou-
bliée depuis? — Les deux faits, sur lesquels

(5) Conversations de Gœthe (Traduction Délevot).
tome II, page 214.

je viens d'appeler votre attention, me paraissent très curieux comme exemples d'une hallucination enfantine. Peut être pourrait-on faire entrer, comme *facteur* dans l'impression cérébrale produite, le souvenir de cette phrase du *Petit Chaperon Rouge* : ma mère-grand, *que vous avez de grands yeux !*

Cependant, au milieu de ce brisement douloureux d'anciennes affections, il est resté à ma petite-fille une fidèle amie qui ne lui a jamais causé la moindre déception et qu'elle revoit toujours avec le plus grand plaisir : c'est le flambeau des nuits, l'astre cher aux amants et aux poètes ; j'ai nommé la Lune. Pour l'enfant elle est à la fois un foyer de chaleur et de lumière, et une figure drolatique qui se promène dans le ciel. Il y a quelque temps, elle dirigeait son souffle vers l'astre ami, comme si elle eut voulu éteindre la lumière d'une lampe, En voyant que la lune a des taches, elle demande de l'eau pour la laver. Quand elle n'est plus pleine, l'enfant dit qu'elle a la tête cassée, qu'il lui manque un œil. Cette affection du premier âge pour la lune est générale. M. Taine a fait sur sa fille des observations analogues aux miennes, et voici, à ce propos, quelques vers de Victor Hugo qui nous délasseront de nos *sévères* études :

Veux-tu quelque autre chose? O Jeanne, on te le doit!
Parle. — Alors Jeanne au ciel lève son petit doigt :
Ça, dit-elle. C'était l'heure où le soir commence,
Je vis à l'horizon surgir la lune immense.

Je finis comme j'ai commencé en citant des vers de notre grand poète. Je donne ainsi un cadre d'or à un tableau bien imparfait. Puissé-je par là du moins avoir mérité un instant votre indulgente attention !

22907. — AMIENS. — IMP. T. JEUNET